AF278683

AUX PROVENÇAUX,

SUR

LEURS PROJETS DE SÉPARATION

ET

DE RÉPUBLIQUE

PROVENÇALE.

PAR M. SCIPION MARIN.

Griefs des Provençaux contre Paris. — Ilotisme des départemens. — Leur besoin de sortir de tutelle. — Besoin d'une patrie locale. — Pourquoi la presse et presque tout le gouvernement représentatif ne sont pas des bienfaits pour les méridionaux. — Influence du climat. — Avec l'énergie des Romains et l'imagination des Grecs, les Provençaux ont-ils l'instinct républicain. — Pourquoi la religion en Provence n'est pas autre chose que la poésie de la vie. — Comment les utopistes séparationnaires veulent faire de la religion un moyen de républicanisme. — Les Provençaux s'indignent du napoléonisme de Paris. — Pourquoi les Parisiens et les Provençaux ne s'entendent pas sur la religion et le napoléonisme. — Inconvéniens d'une séparation. — L'union fait la force. — La France a besoin de ses deux grands ports sur la Méditerranée. — Pertes pour la Provence si elle se constituait en république. — Urgent besoin d'une organisation communale et départementale pour empêcher la séparation.

PRIX : 50 c.

PARIS,

CHEZ VIMONT, LIBRAIRE, PASSAGE VÉRO-DODAT.

1831.

AUX PROVENÇAUX,

SUR LEURS PROJETS

DE SÉPARATION

ET DE

RÉPUBLIQUE PROVENÇALE.

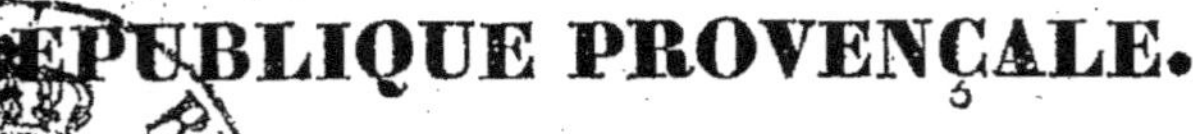

PROVENÇAUX,

Vous le dites, vous le répétez, vous l'écrivez, vous voulez enfin vous soustraire au joug de Paris, vous gouverner vous-mêmes, tranchons le mot, disons-le, ce formidable mot : vous constituer en république fédérative.

Diable ! le cas est grave !

Vos griefs sont nombreux, je le sais, et même ils ne sont que trop justes. Mais les inconvéniens de ce mode gouvernemental, les avez-vous prévus, pesés, jugés, passés en revue, là, bien tranquillement?

La patrie locale ! il n'y a peut-être que celle-là de bonne, de vraie, de féconde en mouvemens généreux, en hommes de probité, de génie, de force, de capacité; je le sais, je l'ai dit, écrit dans les journaux; j'ajouterai aujourd'hui : Il n'y a que celle-là où la liberté puisse être autre chose qu'un mot retentissant, mais creux.

Voyons vos réclamations, vos trop justes récriminations contre le joug de la capitale.

Mœurs, coutumes, langage, usages, plaisirs, jóies, caractères, vie sociale, idées, tout cela diffère en Provence et à Paris. Oui, cela diffère et pour toujours; car les lois, les combinaisons de cabinet, les utopies politiques, administratives, académiques, physiologiques, ne peuvent rien sur votre ciel et votre soleil, qui font de vous des hommes tout dissemblables des Français septentrionaux.

Premier grief: Comme de Paris partent les ordres qui vont vous gouverner, et presque toujours les hommes qui vont peser sur vos départemens de tout le poids de leur extrême servilité, pour les grands Lamas, vulgairement appelés ministres, il se trouve que ces proconsuls, étrangers aux affections, aux goûts, aux joies, aux douleurs, au caractère enfin de leurs administrés, ne sauraient s'identifier avec eux; ils n'en entendent pas la langue, ils n'en ressentent pas l'esprit; ils sont là de garde pour faire obéir à la consigne. Les administrés! qu'ils payent le tribut et baissent la tête, voilà ce qu'on veut d'eux. Mais les Romains ne demandaient pas autre chose aux peuples vaincus de la Gaule.

S'agit-il de faire une fontaine, de creuser un canal, de raccommoder une route? Paperasses sur paperasses; il faut écrire au préfet, le préfet écrit à Paris. L'auguste oui ou non arrive après un honnête laps de temps, supposé qu'il arrive. *Risum teneatis?* La garde nationale de Toulon voulait acheter des caisses à ses tambours. Le trésor communal est en prospérité, il n'y a qu'à y mettre la main et solder le mémoire. Mais, je vous l'ai dit, il faut attendre l'auguste oui ou non. Monsieur de Montalivet a bien autre chose en tête! L'*Aviso* crie, peste, les tambours ne sont pas payés, c'est un désarroi complet.

Deuxième grief : Votre deuxième grief, je l'avais depuis quelques années pressenti, exprimé dans un journal. Je disais : « Il y aurait du plaisir à se livrer aux vertus civiques, si l'on savait que de grands dévouemens, des sacrifices honorables, de quelque genres qu'ils soient, ne trouvassent pas des échos morts dans vos concitoyens, et, par concitoyens, j'entends ceux qui vous entourent, que vous voyez tous les jours, que vous connaissez, que vous rencontrez au cours, à l'église, à la promenade, votre voisin, votre fermier, enfin les habitans de votre département; s'il leur était permis de vous placer à la tête de l'administration locale, s'il leur était permis de vous décerner le prix d'un beau caractère, de vous entourer de leur confiance, vos généreuses dispositions seraient stimulées; mais faites pour votre ville une action éclatante, vous allez trouver des âmes resserrées, et qui ont perdu l'habitude de s'exhaler en transports ; et, quand vous aurez bien mérité de vos concitoyens, un chien couchant, qui se sera assoupli l'épine dorsale dans les salons de nos ministres, viendra gérer pour eux le département. »

Aujourd'hui que j'ai vu, à la suite des journées de juillet, s'abattre sur Paris une nuée de solliciteurs, j'ajoute : Les emplois ne sont guère que pour les plus intrigans, ceux qui ont l'oreille des ministres, des adhérences auprès d'eux. Vrai, cela me fait peine au cœur de voir mes chers Provençaux, naturellement graves, peu faits aux riens exquis de la politesse, à ces airs avantageux, héritage de ces aimables marquis de jadis, venir courber leur rudesse natale dans les antichambres, solliciter des apostilles avec des voix qui font trembler les vitres. S'il y a quelques heureux parmi eux, il est à peu près sûr que ce sont les charlatans de là-bas, les beaux diseurs, ceux qui s'effacent le mieux, les plus courtisans, les plus serviles.

Et c'est pour solder leurs passivité que l'on pressure les contribuables, tandis que la plupart des emplois pourraient être honorifiques, remplis par des gens recommandables parmi leurs concitoyens, gens qui se gardent de venir se mêler au tourbillon des rouages ministériels qui jettent un homme d'antichambre en antichambre et le balottent de promesses en promesses oubliées sur-le-champ.

Votre conséquence est, si j'ai bien résumé vos doléances, qu'il vous en coûte cher pour être administrés au profit d'un pouvoir lointain et par des gens ou étrangers ou qui entendent bien la voix de leurs concitoyens, mais qui ne veulent pas la comprendre et ne connaissent que leur solde et ceux qui la leur font compter, tandis que les mérites, les probités indigènes restent ignorées, étouffées et végètent parmi leurs oliviers et leurs vignes. Passons au troisième grief.

Troisième grief : Vous soutenez que jamais le gouvernement constitutionnel ne pourra produire d'heureux fruits s'il n'est pas local parmi vous. La liberté de la presse s'amortit contre le quarante-sixième degré; ses fusées, ses éclairs partis de Paris, meurent sur la limite de la langue romane. Avec une langue, celle des troubatours, étrangère aux constructions, à l'esprit, aux idiotismes du français, et si usuelle aux masses qu'il n'y a pas cent mille méridionaux qui entrent bien profondément et dans tous les recoins d'un article du *Constitutionnel*, je ne sais pas trop si la presse est une réalité pour les Provençaux; aussi les prêtres exploitent admirablement bien ces populations.

Eh bien ! vos utopistes séparationnaires voient, non seulement la possibilité, mais bien la certitude de faire de la chaire une succursale de la tribune républicaine; mais il faudrait du local à tout cela, de l'indigénéité. Avec des curés patriotes, et la France en abondera dès que la liberté ne les effrayera plus dans leurs scrupules, dès que la liberté sera assez avisée pour ne pas heurter les masses plébéiennes dans leurs fascinations poétiques, car la religion est la poésie du peuple ; avec des curés patriotes, dis-je, rien de plus facile que de suppléer les bienfaits de la liberté de la presse dans un pays où la multitude reste en dehors du mouvement, séparée qu'elle en est par une langue sans livres, sans journaux ; et cela a des précédens : les orientalistes savent que, chez les Hébreux, l'opposition résidait entre les mains du sacerdoce; que les prophètes tenaient lieu de journalistes à la Judée, que la conservation de la constitution de Moïse leur était confiée, et que ce furent toujours ces hommes-là qui défendirent la liberté contre les rois juifs, dans leurs furibondes déclamations. Il n'était pas plus facile à Athalie d'avoir raison contre Joad qu'à Charles X contre le *Constitutionnel*; aussi le grand-prêtre et le *Constitutionnel* se sont-ils fait chacun un roi plus à leur dévotion. Rien de nouveau sous le soleil.

Mais à propos de soleil, on ne veut pas croire ici, à Paris, où un ciel de plomb, ce ciel qui me tue, ne laisse arriver que quelques rais d'un soleil hâve, échevelé, malade, on ne veut pas croire que l'astre vigoureux et étincelant qui mûrit vos spiritueux raisins, qui sucre vos figues et rappelle à vos oliviers le climat de la molle Ionie d'où les Phocéens les apportèrent, fait éclore aussi parmi vous des fictions chrétiennes, que ces fictions sont la poésie de la plèbe, et qu'il faut avoir quelques égards pour les affections du peuple quand on veut gouverner pour le peuple et par le peuple... Mais je reviendrai peut-être sur cette vérité qui a trop l'air d'un paradoxe pour les gens enfoncés dans les préjugés libéraux.

Quatrième grief : Durant quinze ans, ce sont des luttes entre la liberté et la royauté ; de votre littoral vous en suivez les vicissitudes, les péripéties ; la liberté enfin en juillet triomphe ; votre joie s'épanche sincère ; vous venez à Paris, quel désapointe-ment ! du napoléonisme plus fort que jamais ! Et la liberté donc ? avez-vous eu la bonté de vous écrier. Vous allez au théâtre, Napoléon y est tou-jours beau, généreux ; en dépit de l'histoire d'hier, de tout ce que le monde sait , on lui fait pardonner à Staps. Oui , c'était bien un homme à sauver un conspirateur , lui qui , lors d'une insurrection dans un lycée , a fait fusiller un ou deux gamins , par respect pour la discipline militaire. Vous allez au Vaudeville, s'il y a un chaud républicain , un hussard de Moreau, qui s'afflige des menées liberticides du premier consul, on en fait un abbé déguisé. Toujours , partout, la destruction de la liberté est érigée en dogme, et l'asservissement est la plus belle des choses. (C'est M. Arago, l'un des combattans de la grande semaine, qui fait jouer cela). Enfin , mes bons et austères Provençaux , vous voulez voir partout à Paris des germes de monarchisme , et vous vous dites qu'à la première occasion tout y est porté à faire pont d'or à l'absolutisme militaire, et que vous n'êtes pas faits , vous autres , pour tourner à droite , à gauche , là-bas , comme des automates, au gré d'une capitale qui ne sait pas trop ce qu'elle veut.

J'omets bien d'autres griefs.

Passons aux inconvéniens de la séparation ; j'en ai hâte.

L'un des plus grands , c'est que beaucoup de vos républicains , mais de ces républicains d'instinct , d'âme , d'énergie , ne se doutent pas qu'ils le sont. Les circonstances ont voulu que ce fût Louis XVIII qui recueillît le fruit de ce sentiment fort, vigoureux de la liberté. C'est par un républicanisme instinctif , mais aveuglément élaboré, que les prolétaires, en 1814 et 1815, se sont groupés autour des

Bourbons avec plus de bruit que les autres Français. Louis XVIII promettait des demi-libertés ; Napoléon les avait toutes et complètement détruites. A défaut du tout, va pour une partie. Mais les promesses libérales ne se sont pas réalisées, mais Charles X n'a, depuis, porté que des regards d'irritation sur le pacte de son frère ; mes Provençaux ne pouvaient pas deviner cela en 1815. Qu'on ne les accuse pas de palinodie : les Marseillais, violens républicains en 1793, se sont levés en masse contre le napoléonisme, en 1815. Il y a là conséquence de principes, une vigoureuse haine contre la tyrannie. Mais l'inconvénient, c'est que des gages ont été donnés, et que, par cela même qu'on n'est pas propre à la palinodie, tel qui est républicain se croit peut-être royaliste.

Les classes plébéiennes, avec leur idiome tout étranger aux livres de philosophes du dernier siècle, à la progression de la civilisation lettrée, se complaisent encore dans leur croyance ; et là-dessus, poètes, prosateurs, savans, soyez conséquens avec vous-mêmes. Quelle aimable imagination que celle des Grecs ! ne cessez-vous de répéter. Nul promontoire, nul rocher, pas le moindre îlot qui n'eût sa part dans la mythologie de la Hellade ; ici, c'était Délos avec ses oracles d'Apollon et ses Théories ; là, Naxos avec son Ariadne, son Bacchus ; plus loin, Calydon avec son sanglier, le Parnasse avec ses muses, l'Oëta avec son Hercule mourant ; à chaque pas, un épisode ; à chaque site, une foule de réminiscences poétiques. Puissante imagination !

le Grec ne marchait qu'au milieu d'enchantemens, de prestiges ; la poésie avait débordé sur sa patrie, peuplé les fontaines, les caps, les mers ; et il n'en aimait que mieux cette patrie où tout parlait à son cœur, à son âme, à son souvenir.

Est-ce la faute des Provençaux si un ciel non moins limpide, non moins pur que celui de la Grèce, agit sur leur imagination, l'active, peuple de fictions inhérentes au christianisme les caps, les montagnes, les forêts de la Provence. Les masses noûrries, élevées loin des sarcasmes de Voltaire, des raisonnemens de Rousseau, d'Helvétius, ne se sont pas désillusionnées ; elles continuent d'obéir à ces influences climatériques, qui faisaient de toutes les imaginations autant de panoramas prestigieux, animés ; chaque tête se compose son iliade dans son horizon : ici, la Magdelaine a pleuré ses péchés dans cette sombre forêt, dans cette grotte sainte ; plus loin, c'est Notre-Dame des Anges où, à chaque anniversaire, les miracles foisonnent ; sur cette colline qui regarde le golfe de Marseille, Notre-Dame de la Garde sauve des myriades de matelots des gouffres béants de la Méditerranée. Ce peuple chérit ses fictions, ses erreurs ; pourquoi pas ? Ne devez-vous pas aux effets d'un soleil analogue la plus belle, la plus animée, la plus riante de toutes les littératures, la plus originale enfin, celle des Pélasges ?

Eh bien ! la liberté veut sabrer, détruire tout cela ! comme si la liberté ne pouvait pas surgir dans une croyance ; ignorez-vous que Léonidas disait à ses trois cents : « Amis, ce soir nous souperons chez Pluton, » et il le croyait, car de son temps les Spartiates n'étaient pas extrêmement argutieux; il est même probable que, sans la certitude de souper le soir aux Champs-Élysées avec Achille et Ménélas, les trois cents ne se seraient pas jetés en insensés au-devant de quelque cent mille Perses.

Rien de plus intolérant que la civilisation aujourd'hui, et la liberté qui a la bonté d'en être solitaire. Les Espagnols constitutionnels essayent-ils de leur régime dans la péninsule, la civilisation y fait-elle une trouée, vite elle s'aliène le peuple en le sévrant de sa poésie de tous les jours, de ses superstitions; elle lui donne en place des abstractions, des théories qu'un esprit inculte ne saurait saisir. Qu'arrive-t-il? ce peuple préfèrera un Ferdinand, un don Miguel même, parce que Ferdinand et don Miguel lui rendront cette poésie sans laquelle il serait trop malheureux; oui, trop malheureux. Vous l'avouez presque, Parisiens civilisés, trop malheureux, vous aussi, de ne croire à rien, d'être désabusés de tout. Et qu'allons nous chercher au saint-simonisme, dans notre scepticisme désillusionné, sinon quelque chose à croire, quelque dogme qui nous aille, hélas! et nous n'y trouvons que des raisonnemens.

Raisonnemens aux prêches, raisonnemens à la tribune, raisonnemens dans les journaux! Notre civilisation vieillit et s'en va dans le parlage métaphysique. Ce besoin intérieur d'illusions, c'est une soif de poésie, et la poésie, c'est la vie, sans quoi l'on tombe dans le spleen. Déjà Voltaire disait :

> Le raisonner tristement s'accrédite ;
> On court, hélas ! après la vérité ;
> Ah ! croyez-moi, l'erreur a son mérite.

Laissons donc, en bons politiques et en bons philosophes, leur mythologie aux paysans du midi.

Hélas ! dans mon matérialisme fieffé, à présent que je puis défier le plus ergoteur de me prouver l'éxistence de Dieu, je regrette, oui je regrette ces belles journées de fête-dieu, quand, sur les quatre heures, aux sons des cloches en branle qui remplissaient de leurs vibrations cet horizon de Toulon, couronné d'un réseau d'or et de lumière, la procession sortait de Saint-Louis ; je me rappelle (ô jours de mon enfance !) ces rues jaunies de genêt, ces jeunes filles riantes, folâtres, sur des rangées de chaises dans ces rues tapissées ; et ces reposoirs, la grande affaire de tout le voisinage, sous des pavillons, avec des parfums, des fleurs et du commérage ; et ces canonnades de l'escadre qui partaient sous la bénédiction de la dextre de M. Brun, sur le port ; et ces croix et ces bannières qui s'avancent lentement, et ces flots de genêt qui s'épanchent des fenêtres sur le dais, et sous ce dais, ce paillard de M. Brun qui, le Saint-Sacrement dans les mains, lorgne en bienheureux les jolies dames, et surtout mademoiselle Pauline, qui nous distribuait si économiquement les fruits de notre déjeuner au pensionnat de son frère. M. Rambert, autre prêtre de mœurs si faciles ! et ces cantiques d'enfans ! et ces forêts de palmes ! et ces

foules d'encensoirs mus avec tant d'ordre et de
solennité !

Ah ! croyez-moi, l'erreur a son mérite.

Soit; voilà de la poésie dans la rue, mais dans
notre question, c'est de républicanisme qu'il s'agit,
et vous me répondez : « Ce ciel méridional qui fait
éclore ces dévots mensonges à Marseille comme à
Argos, donne une même énergie aux Romains et
aux Provençaux. Brutus, Cassius, Scévola, Aris-
togiton, Harmodius, tous ces tueurs de tyrans,
méritaient-ils bien ou mal de la patrie ? Dans le
collége, on nous a nourris de l'affirmative. Alors,
pourquoi ce qui était méritoire chez l'Athénien,
chez le Romain, serait-il exécrable chez les Provençaux, au travers desquels Napoléon, en 1814,
ne passa qu'avec mille dangers ? A Orange, au Luc,
il faillit être assassiné. Je ne vous dis pas que cela
fût bien. L'assassinat, malgré mes souvenirs de
lycée, ne m'a jamais paru chose fort belle ; mais
enfin je ne persiste pas moins dans mon dire que
les Provençaux sont les plus républicains de tous
les Français.

« Et en 1815, à peine Bonaparte débarqué au
golfe Juan, ils se levèrent, s'armèrent ; mais de
lâches autorités, de ces proconsuls à double face
qui tenaient les préfectures et sous-préfectures,
temporisèrent, entravèrent cet élan, laissèrent le
temps à Napoléon de dépasser les défilés de Siste-
ron. Les Provençaux ne voyaient pas la grande nécessité de devenir encore la meute d'un chasseur

de couronnes ; ils ne voyaient pas le grand besoin de se sacrifier de nouveau pour conquérir des trônes dont le grand homme faisait présent à ses frères et sœurs ; mais les proconsuls voyaient grande nécessité de temporiser, pour obtenir de Napoléon, en cas de réussite, la continuation de leurs appointemens. Direz-vous que Napoléon, guéri une bonne fois du despotisme, voulait dorénavant un régime plus libéral ? Si l'acte additionnel n'a pas désabusé les Parisiens, ils sont de difficile désenchantement.»

A cela je répondrai que les Parisiens sont, de tous les Français, ceux qui ont conservé le plus d'affection pour l'empereur, parce que l'empereur était leur poésie à eux. Des entrées triomphales au bruit des canons ! des cortéges de généraux, de dignitaires brodés, bardés de cordons, illuminés de décorations, de crachats ! et puis les pompes des sacrès, des mariages, des baptêmes impériaux ! les monumens qu'il jetait çà et là de sa main puissante ! les millions que la cour répandait dans les boutiques de la capitale ! Quoi qu'en disent les rimeurs, la gloire est un peu matérielle ; elle a besoin de l'éclat des états-majors, des salves d'artillerie. Tous les éblouissemens de l'empire étaient pour Paris ; l'or des conquêtes encore pour Paris ; avec cela on ne garde pas rancune. Mais vous autres des départemens lointains, qu'aviez-vous de l'empire ? Des préfets cruels à force d'être serviles ; des décrets de conscription, des larmes maternelles, des imprécations, des rages contre l'ogre, des droits-réunis. Les coups de son sceptre de fer s'allourdissaient en raison de l'éloignement, et, en raison de cet éloignement, l'auréole de sa gloire s'éteignait. Mais Paris ! ainsi tout le monde a raison ici de choyer le souvenir de l'empire, là-bas de se remémorer avec délices la liberté et de l'adorer, si elle venait bras-dessus bras-dessous avec la religion.

Mais de preuves en preuves de ce républicanisme, je me suis écarté de l'énumération des inconvéniens d'une séparation, et de l'institution d'une république au midi. Le premier est la difficulté, surtout dans les circonstances présentes, de réhabiliter le mot république ; et même ceux que je puis voir propres à se mettre à la tête du mouvement, qui parlent de s'y mettre, sont trop dominés par les préjugés du libéralisme. Ils compromettraient tout avec les meilleures intentions du monde.

Plus que jamais, en face de la sainte-alliance, la France a besoin d'union pour être forte. Je le sais, la Provence voudrait une république fédérative, se soustraire au joug de Paris, mais fournir ses contingens de troupes, mais acquitter sa part des frais de guerre- Elle voudrait, pour les affaires générales, et seulement pour ces affaires d'un intérêt fédératif, déléguer des membres de son sénat provençal au comité amphyctionique. Voilà qui est de bonne intention ; mais l'étranger exploiterait cette délimitation de territoire, promettrait monts et merveilles aux républicains provençaux, s'emparerait des mouvemens religieux, séduirait, gagnerait, tromperait, et une fois maître, oublierait naturellement tout ce qu'il aurait promis.

Ce n'est pas tout: la France a deux ports sur la Méditerranée, et tous deux dans la Provence. Le commerce français n'a-t-il pas un besoin instant de Marseille? Cette prodigieuse activité, que tant de marchandises écoulées de tous les points du royaume vers le golfe de Marseille y donnent, ne s'éteindrait-elle pas, en raison de la plus ou moins parfaite séparation des intérêts provençaux d'avec ceux des autres républiques fédératives du sol français? Des germes de scission commerciale existent naturellement entre les départemens à huile et les départemens à beurre. Les premiers, toujours vaincus à la Chambre actuelle des députés, dans la guerre pacifique des votes, gardent trop de rancune à cette majorité à beurre, pour que leur animosité ne grandît pas en bonne et vigoureuse loi prohibitive dans le sénat de Provence.

Et Toulon que deviendrait-il? le budget provençal subviendrait-il tout seul aux frais de ses établissemens? Payerait-il toutes les charges de la marine, les constructions navales, les fonderies de canon, etc., etc., etc., etc. Mais l'archevêque de Pradt, dites-vous, a prouvé mathématiquement qu'une marine en France était une duperie; qu'en temps de guerre nous construisons pour les Anglais, et qu'en temps de paix c'étaient choses inutiles que des vaisseaux.

Mes chers Provençaux, vous rendrez-vous à ce dilemme? Mais les armateurs de Marseille insultés, dépossédés par la plus petite marine de la Méditerranée, autrichienne, barbaresque, égyptienne, n'importe, ne réclameront-ils pas auprès du pouvoir local? Celui-ci obérera-t-il les contribuables des dépenses énormes d'une force navale? Dans le cas contraire, plus de commerce à Marseille, plus de marine à Toulon; que gagnerait à cela la Provence?

Une organisation communale et départementale pourrait obvier à ces grands inconvéniens, et procurer quelques-uns des charmes de la patrie locale, quelques-uns de ses avantages; pourrait enfin porter les fruits, ou du moins une partie des fruits que vous vous promettez par la séparation.

Mais, je le sais, cette organisation prônée, vantée, promise depuis long-temps, présentée et retirée, puis élaborée, ruminée, sera une de ces grandes mystifications dont nous régale souvent le système représentatif. La montagne en travail enfantera une souris, cela est sûr.

FIN.

IMPRIMERIE DE A. BARBIER,
RUE DES MARAIS S.-G. N. 17.